Shaun das Schaf

Liebe, Shaun und Leidenschaft

Glück und ein erfülltes Leben mit Shaun dem Schaf

Letztendlich beruht alles auf dem Gedanken, dass es nur eine große Liebe in unserem Leben geben kann. Irgendwo da draußen wartet auch auf Dich das Glück. Du musst nur die Regeln der Liebe befolgen.

Mein Name ist Shaun.
Shaun das Schaf

Überlege Dir gut die ersten Worte für die Dame Deines Herzens.

Schau mir in die Augen, Kleines

Augenkontakt ist entscheidend,
um einen Partner anzuziehen.

**Ein Blick sagt mehr
als Tausend Worte**

**Im richtigen Moment
solltest Du lieber schweigen.**

**Und es gibt sie doch –
die Liebe auf den ersten Blick**

**Es ist der verzauberte Moment,
in dem sich die Blicke
zweier Schafe treffen und die
Welt um sie herum versinkt.**

Gutes Aussehen ist wichtig.
Aber in Herzensangelegenheiten
ist es die Persönlichkeit,
die zählt.

Versuche nicht ständig Deinen Partner zu verbessern und zu verändern. Darin liegt das Geheimnis, einem Mann Selbstbewusstsein zu geben.

Ein Mann fühlt sich geliebt,
wenn seine Partnerin ihm das Gefühl
gibt, dass sie seine Leistungsfähigkeit,
Kreativität und Autonomie
zu schätzen weiß.

Diamonds are a girl's best friend

**Kleine Aufmerksamkeiten
erhalten die Liebe.**

Für Frauen ist romantische Liebe, wenn ein Mann ohne ihr Bitten kleine Dinge für sie erledigt.

Nobody is perfect

Die wichtigste Voraussetzung, um geliebt zu werden, ist: Lerne Dich selbst zu lieben und so zu akzeptieren, wie Du bist.

Erschaffe Dich stets neu

Es sollte Dir nicht gleichgültig sein, wie Du auf Deine Partnerin wirkst. Ab und zu ein neues Outfit kann einen anderen, begehrenswerten Menschen aus Dir machen.

Je mehr Du eins bist mit Dir selbst, desto mutiger, selbstbewusster und authentischer begegnest Du Deinem Partner und der Welt.

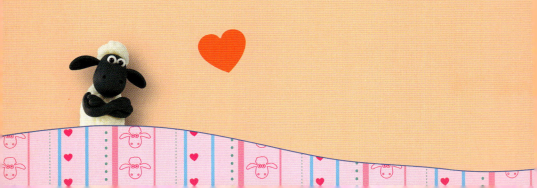

Frauen haben eine unstillbare
Sehnsucht nach Romantik.
Ein Restaurantbesuch
oder ein sinnlicher Film
erhalten ihre zärtlichen Gefühle.

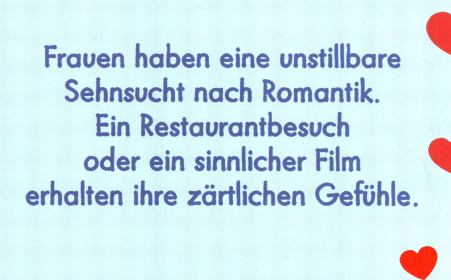

Der kluge Mann weiß, dass für Frauen das Ambiente sehr wichtig ist. Eine brennende Kerze, romantisches Licht und gepflegtes Aussehen – all das macht den entscheidenden Unterschied.

Gestalte Dein Bett wie ein warmes Nest: kuschelig, harmonisch und sinnlich. Im Augenblick des Erwachens sollte sich der erste Blick immer auf etwas Schönes richten.

Du kannst Dich mit Geld und Äußerlichkeiten vielleicht auf den ersten Blick interessant machen. Aber wahre Liebe kannst Du nicht erkaufen.

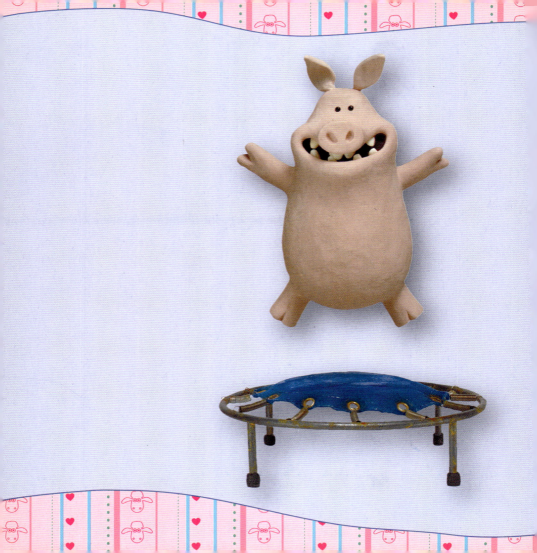

**Heiterkeit
ist der Schlüssel zu
glücklicher Liebe.**

Der ideale Partner ist Dein Spiegelbild: Wenn Du mit Deinem Partner harmonierst, habt Ihr die gleichen Ziele, Wünsche und Sehnsüchte.

Auch wenn Du viele Freunde hast:
In manchen Situationen solltest Du
nicht alles mit ihnen teilen.

Der Gentleman genießt und schweigt

**Erzähle keine Geheimnisse.
Es gibt Dinge, die gehen nur Euch
zwei etwas an.**

Während ein Mann glaubt,
er hätte alles getan, um die Partnerin
glücklich zu machen, entwickelt sie
schon wieder neue Wünsche.

Wenn Du willst, dass Dein
Liebster bleibt, lass ihn frei.
Nur dann kann er auch bleiben.

© and TM Aardman Animations Limited Ltd. 2010.
All rights reserved
Shaun the Sheep (word mark) and the
characters Shaun the Sheep

© and TM Aardman Animations limited.
Licensed by WDR mediagroup licensing GmbH.
www.shaunthesheep.com

© KOMET Verlag GmbH, Köln
www.komet-verlag.de
Gestaltung: hassinger & hassinger & spiler, visuelle konzepte
Gesamtherstellung: KOMET Verlag GmbH, Köln
ISBN 978-3-86941-021-0